AF356814

UN SIÈCLE

EN HUIT JOURS ?

ou

LYON PENDANT L'INONDATION DE 1840.

Revue Quotidienne

Par J. Bᵗᵉ PA...

De visu dico.
J'ai vu, je dis.

Prix : 60 centimes.

LYON.

GIRAUDIER, LIBRAIRE, 17, PLACE BELLECOUR,

ET CHEZ TOUS LES LIBRAIRES.

—

1840.

Je n'ai pas eu l'intention de faire l'histoire
complète de cette malheureuse semaine :
une main plus habile s'en chargera. Je racon-
terai ce dont j'ai été le témoin, heureux si
les matériaux que j'ai réunis peuvent être de
quelque utilité à celui qui se fera l'historien
fidèle de cette grande calamité ; plus heureux
si la publication de cet opuscule pouvait con-
courir au soulagement de quelques-unes des
nombreuses victimes que le passage de ce
double fléau a laissé parmi nous.

INONDATION

DE LA VILLE DE LYON,

Dans les journées des 29 , 30 , 31 octobre ,
1, 2, 3, 4 et 5 novembre 1840.

La tradition n'a pas conservé le souvenir d'une plus haute élévation des eaux du Rhône, que celle qui eut lieu dans la nuit du 17 au 18 février 1812. Ce débordement désastreux fut regardé comme tellement extraordinaire, que, depuis, rien n'a été fait dans la prévision du retour d'un pareil événement.

Je vais décrire l'état de notre ville dans les journées ci-dessus indiquées :

Jeudi soir 29 Octobre, après 40 heures d'une pluie continuelle, et par une température très élevée, le Rhône commença à se répandre aux alentours de l'église de la Charité. A dix heures du soir, il toucha les degrés de la porte principale de cette église. La pluie continua de tomber pendant toute la nuit. Le lendemain, Vendredi 30 Octobre, je vis avec surprise que le Rhône s'était retiré d'une manière sensible. L'atmosphère était chargée de lourdes vapeurs : la température me parut encore plus élevée que la veille: une

Jeudi
29 octobre.

Vendredi
30 octobre.

grande vaporisation devait avoir lieu : une recrudescence était éminente. La pluie reprit bientôt : elle tomba toute la journée du Vendredi, 30 octobre. Le Rhône vers midi commença à s'élever de nouveau : de grands désastres se préparaient.

Le soir, trois moullins à farine, une blanchisserie de couvertures, et un établissement servant à la confection de divers objets de grosse serrurerie, furent violemment emportés. Ces cinq bateaux étaient amarrés à la sortie des portes de Perrache ; ils disparurent en un instant.

A minuit, le Rhône augmenta avec rapidité. A deux heures du matin, il s'éleva encore considérablement, et à huit heures, il avait atteint la hauteur de 1812 !

Samedi 31 octobre.
Le samedi au matin, la ville se trouva donc inondée en partie. La rue Basse-Ville, le quai de Retz, la place des Cordeliers ; le quartier du Bon-Rencontre ; le quai, la rue de l'Hôpital et celle du Puits-Pelu, la rue Grôlée, furent navigables ; le beau passage et la place de l'Hôpital, la rue du Bourg-Chanin, celle de Confort et de la Belle-Cordière, furent promptement envahies par les eaux. Un avis placardé à la hâte, fit connaître que l'entrée du Grand-Hospice aurait lieu par la porte la plus méridionale du quai de l'Hôpital. Dans toute cette partie de la ville, le Rhône ne produisit que les inconvénients ordinairement attachés aux inondations; mais c'est aux Brotteaux et à la Guillotière, que nous

allons le voir entraîner, ravager et détruire tout ce qui s'opposera à son passage :

Dans l'inondation qui eut lieu, il y a trois semaines, le Grand-Brotteau fut garanti par la digue en terre de la Tête-d'Or : le Petit-Brotteau fut seul envahi au-dessous de la digue du pont Lafayette. Le Rhône, par cet endroit, versa ses eaux dans la plaine des Brotteaux. Elles s'y répandirent paisiblement sans causer de dégats considérables; mais, dans la nuit du 30 au 31 Octobre, la digue de la Tête-d'Or fut rompue vers les deux heures du matin. Le Rhône alors se précipita avec fureur à travers les avenues de Noailles, de Créqui, de Gramont et de Vauban. Les maisons du cours Morand, avoisinant le Cirque, furent renversées ainsi que celles situées près de l'emplacement des anciennes Montagnes-Françaises ; les avenues de Saxe, de Vendôme. des Martyrs; les rues Monsieur et Madame, portèrent d'affreux courants sur les nombreux chantiers des marchands de bois. On vit au point du jour, le Rhône entraînant pêle-mêle des bois de toute nature ; bientôt s'y mêlèrent des meubles et des effets mobiliers : tout annonçait d'affreux ravages. La pluie tombait en abondance. Le Rhône arrivant derrière la Guilliotière, était forcé à un brusque retour. Des courants rapides s'établirent dans les rues perpendiculaires au bassin de l'Hôtel-Dieu. A neuf heures du matin, un de ces courants débouchant sur le cours

Bourbon par la rue de l'Epée, fit crouler avec
fracas une maison située à l'angle de cette rue
et du cours. Deux barques chargées de femmes et
d'enfants furent un instant dérobées à nos yeux
par la masse de poussière qui s'éleva. Heureusement ces barques ne furent pas atteintes ; elles
reparurent quelques instants après. Vingt maisons
en quelques heures tombèrent aux alentours du
gazomètre de la Guillotière. Une maison de cinq
étages ne conserve qu'un pan de mur de la
hauteur primitive de sa façade : ce lambeau est
là debout, pour attester toute l'énormité du
désastre.

Les eaux s'élevant toujours, se présentèrent à
dix heures du matin et en même temps, sur la
place du Pont-de-la-Guillotière par le cours Bourbon, la rue Saint-Clair, la rue Moncey et la rue
de Chartres. Une fois que le haut du pavé de
cette place eût été atteint par les eaux que vo-
missaient à la fois ces quatre bouches béantes,
elles se confondirent toutes, et se précipitèrent
dans la grande rue de la Guillotière, qui, dès-lors,
et jusqu'à minuit, eut un courant de la rapidité
du fleuve. Toute communication fut interrompue,
et les diligences du Midi et du Piémont durent
renoncer à leur départ.

En aval du pont de la Guillotière, la digue de
la Vitriolerie fit bonne contenance ; elle ne fut
nullement endommagée dans sa partie parallèle
au Rhône. Mais, il n'en fut malheureusement pas

ainsi du bas-port qui occupe l'espace compris entre le pont de la Guillotière et la tête de la digue. Le mur en quart de cercle qui ferme le fond du bas-port est moins élevé que la digue ; il n'a que la hauteur des eaux de 1812. A dix heures du matin, le Rhône franchit ce mur dans toute sa longueur, et à quatre heures après midi, ayant atteint *quarante centimètres* au-dessus des eaux de 1812, le Rhône renversa la partie du mur voisine du bureau du génie, et se jeta avec impétuosité dans le quartier de Béchevelin (¹). Un fort courant prit alors la direction de cette brèche : les pièces de bois que le fleuve entraînait s'y précipitèrent ; en un instant, l'entrepôt de charbon et le bureau du sieur Roybet, furent emportés en mille pièces. De toute part, on apprenait de nouveaux désastres. La pluie continuait de tomber. Il était impossible de savoir à quelle hauteur le Rhône arriverait. Enfin, à cinq heures de l'après midi, il s'arrêta et commença quelques heures après à décroître très lentement.

Nous avons dit que, dans la ville de Lyon, les rues parallèles au cours du Rhône, accumulaient une masse d'eau sur la place de l'Hôpital. L'élé-

---

(1) Les nombreux amis des propriétaires de la Cristallerie furent promptement rassurés sur le sort de cet intéressant établissement : il dut son salut à l'élévation du sol.

vation en fut telle, que, vers les deux heures de l'après-midi, la rue Belle-Cordière vint pour la première fois, verser les eaux du Rhône sur la place de Bellecour! Jusqu'alors, cette place n'avait reçu les eaux du Rhône que près de l'église de la Charité, par les canaux souterrains qui conduisent les eaux pluviales au Rhône.

Dans cette journée du 31 Octobre, les eaux avaient déjà couvert une grande partie de la promenade des Tilleuls : le corps-de-garde avait été évacué dès les dix heures du matin. A la même heure, les eaux arrivaient jusqu'à la table de communion de l'église de la Charité.

Le triangle formé à Bellecour par l'inondation appuyait son angle droit sur l'entrée de la rue de la Charité. J'en ai mesuré le côté opposé, il était de 500 pas, grace aux eaux versées par la rue de la Belle-Cordière!

La maison Camille Jordan (ancien café Cotillon), située à l'angle de la place Léviste, n'offrait plus aux piétons à cinq heures du soir, qu'un passage de 30 centimètres; et ce passage en temps ordinaire est de 200 mètres!

Pendant cette journée du 31 Octobre, toute la population se porta du côté du Rhône; la Saône n'occupait nullement l'attention, et cependant, elle s'élevait progressivement et envahissait le quai Saint-Antoine et celui de Villeroi. Le dimanche 1er Novembre, les eaux s'élevèrent avec une rapidité peu commune à la Saône. Toute commu-

Dimanche 1er novembre.

nication fut interceptée à partir de la rue Savoye jusqu'au pont de Pierre (¹); les rues de la Monnaie, de la Préfecture, et la rue Écorche-Bœuf, furent entièrement inondées : il en fut de même des rues des Souffletiers, Chalamon et Dubois. Le soir, tous les quartiers furent parcourus à l'aide de barques, dont les guides portaient des flambeaux de goudron. C'était une véritable scène vénitienne.

Dans l'après-midi, la Saône vint raser le sommet de la rampe du quai Neuf adossé à la rue du Plat; elle ne pénétra pas sur le quai de la Douane.

La nuit du dimanche au lundi fut affreuse, la pluie tomba continuellement et avec abondance; l'anxiété devint extrême.

La matinée du Lundi nous montra la Saône beaucoup plus élevée que la veille ; le quai de la Douane fut envahi, les eaux s'avancèrent jusqu'au milieu de la rue des Colonies.

Le port du Roi fut inondé, le poste militaire évacue le corps de garde du quai des Célestins, l'ancien Théâtre de ce nom est cerné par les eaux ; elles arrivent devant les cafés Berthoux, Bory, Mazallou; ces cafés sont fermés, ainsi que ceux situés vis à vis. Tout l'espace compris entre le Théâtre et la partie sablée de la place est couvert. Le soir, l'eau a dépassé les bornes qui en forment l'enceinte du côté

1   Pont de Pierre ou du Change.

du Théâtre. La place des Jacobins est entièrement inondée ; les eaux commencent à refluer dans les rues Confort et St-Dominique. Le Théâtre du Gymnase est totalement cerné, on s'occupe de débarrasser la partie basse de ce qu'elle contient d'effets mobiliers. Tous les quais sont submergés. Celui de l'Archevêché, du Palais-de-Justice, le quai Humbert, ceux de Bondy et de Peyrollerie offrent le même aspect. Le quai d'Orléans, qui est très élevé du côté de la Saône et dont les maisons sont fortement en contrebas, est envahi dans sa partie supérieure ; elle verse des masses d'eaux dans la rue Tête-de-Mort et dans la direction de la place de la Platière ; les quais St-Benoît et Neuville sont également inondés. Le passage du Pont-de-Pierre que j'effectue à dix heures du soir est effrayant ; les eaux, retenues par l'épaisseur des piles du pont débouchent avec un bruit affreux. A leur sortie des arches, les flots se dressent, se tordent et présentent l'image d'un épouvantable chaos. Je revins à Bellecour par la rue St-Jean, je fus surpris de ne trouver de l'eau sur aucun point de son parcours, mais toutes les rues perpendiculaires à la Saône sont inondées jusqu'à la hauteur de ladite rue St-Jean.

La rue des Prêtres est effrayante à voir. Dès le matin des tassements s'y sont opérés, une Commission est nommée ; elle va reconnaître l'état affreux dans lequel cette rue se trouve. Toutes les issues donnant sur la Saône apportent chacune un courant rapide qui, traversant la rue, frappe avec force les maisons qui se trouvent en face. On ordonne d'évacuer la plupart des maisons, quelques-unes sont étayées à la hâte. Cette rue vieille, basse, étroite, traversée par des étais qui buttent les façades à la hauteur des premiers étages, la partie basse ravagée par des courants, des fanaux ardents projetant une vive lumière sur le point le plus éloigné de nous, offrent une perspective infernale. Si ce n'est pas la fin du monde, c'en est du moins l'image !

En rentrant chez moi, je reconnais l'état de la rue des Colonies, l'eau y arrive à dix pas de l'angle de la rue du Plat.

Dans cette journée du Lundi 2 novembre, des torrents de pluie sont tombés, le Rhône est encore à la hauteur où il était le 30 octobre. Il y demeure stationnaire. Dans les Brotteaux, les eaux couvrent encore toutes les plaines, les maisons minées par le séjour des eaux, croulent à chaque instant ; on en porte déjà le nombre à cent soixante; heureusement le nombre des morts n'est pas considérable.

Dans la nuit du Lundi au Mardi, la Saône a encore considérablement grossi : de grandes pièces de bois sont entraînées. Le pont de Serin est dépassé par les eaux; elles le franchissent et retombent en cascade. Le tablier du pont Seguin est effleuré par les flots de la Saône. Les couronnements des contre-forts du pont Tilsitt sont couverts. Ses arches en plein cintre ne laissent plus apercevoir qu'un espace étroit à leur sommet. Le dégagement des eaux en devient plus difficile ; elles refluent sur les places des Célestins et de la Préfecture, montent la rue Confort, atteignent, à dix heures du matin, le haut du pavé et s'écoulent sur la place de l'hôpital qui, quarante huit heures auparavant, était inondé par les eaux du Rhône.

J'ai dit que la veille, à onze heures du soir, les eaux dans la rue des Colonies étaient à dix pas de l'angle de la rue du Plat. Aujourd'hui mardi, dès le matin, l'angle est contourné par les eaux qui commencent à se répandre dans la rue du Plat. Le vent du Midi souffle avec violence, la température est plus élevée que les jours derniers, (1), et la pluie va continuer encore de tomber en abondance.

Dans la nuit dernière un bateau à laver a été emporté du quai de la Douane ; un autre vient de partir de la rive opposée ; la Saône est couverte de débris. Elle s'élève toujours. La passerelle de St-Vincent vient d'être emportée ; elle est mise en pièces sous les arches du pont du Pierre. Le pont Tilsit achève d'en mutiler les débris.

A l'instant, 7 heures du soir, la pluie tombe en grande abondance, elle semble par avance détruire l'opinion généralement accréditée que la Saône diminuera demain. C'est le vœu de tous les citoyens : puisse-t-il enfin se réaliser !

---

(1) La température s'est constamment maintenue entre 10 et 12 degrés Réaumur.

Le courrier de Marseille , qui n'était pas arrivé depuis 2 jours , arrive enfin. Il a quitté, pour se rendre à Lyon, sa route habituelle. Il a pris le Haut-Dauphiné par Romans et St-Marcellin. Celui qui repart aujourd'hui prendra le même chemin ; mais la ville de Vienne lui offrira plus de difficultés : les eaux y seront beaucoup plus élevées. Hier et aujourd'hui , Lyon n'a pas reçu de courrier de Paris. ainsi nous sommes sans nouvelles de la Bourgogne et du Mâconnais. Les courriers, dit-on, sont retenus à St-Albin au dessus de Mâcon.

La direction des postes de la ville de Lyon vient de faire partir une malle-poste pour Paris. Elle a pris la route du Bourbonnais ; neuf forts chevaux pouvaient à peine lui faire gravir la montée du Chemin-Neuf, seule route ouverte pour se diriger sur Paris.

A neuf heures du soir, je me mets, comme la veille, en voyage d'exploration : la rue St-Jean est envahie par les eaux à la hauteur du quai de la Baleine ; je cherche un passage par la rue du Bœuf et la place du Petit-Collége et j'arrive enfin au pont de Pierre. Les eaux du quai de Bondy se sont beaucoup élevées, elles gagnent la hauteur du pavé de la place du Petit-Change ; si elles s'élèvent encore, elles se précipiteront sur la place du Change, au pied du temple des Protestants. Les habitants de ce quartier ont les yeux fixés contre la terre ; ils suivent la marche des eaux qui ne donne qu'un espoir bien incertain. La place d'Albon , étant submergée, me force de repasser le pont de Pierre : des bateaux viennent s'y briser avec fracas. D'épais et noirs nuages couvrent tout l'horizon, un léger espace semble être ménagé entre eux pour permettre aux rayons de la lune d'éclairer, à de rares intervalles, cette grande scène de destruction.

Je reviens à la place Bellecour : elle est sur le point d'être envahie de toutes parts. Les eaux commencent à dépasser l'angle de l'hôtel de l'Europe. La place des Célestins est totalement inondée. Les eaux de la place de la Préfecture arrivent dans la rue Saint-Dominique à la hauteur du passage Couderc. Les rues de la Belle-Cordière et du Bourg-Chanin présentent le même aspect. Encore quelques pouces d'élévation, et les eaux jusqu'ici en arrêt sur ces quatre points, seront toutes déversées sur la place de Bellecour. Je rentre chez moi à onze heures du soir dans l'attente du lendemain, qui sera un véritable *quitte ou double*.

Mercredi 4 Novembre, à deux heures du matin, la Saône s'élève avec rapidité. A sept heures, la place Bellecour est presque totalement couverte par les eaux ; de sept à onze heures, elles s'y élèvent de plusieurs pieds. Cette augmentation est causée par l'état du pont Tilsitt, qui fait l'office d'une forte digue. La Saône atteint le sommet des arches, et des débris de bateaux viennent en obstruer quelques-unes.

J'ai suivi jusqu'ici la marche toujours croissante des eaux de la Saône : j'en ai observé minutieusement le progrès. Je suis à la fin de ma tâche : l'inondation est complète ; il ne me reste qu'à en désigner l'étendue totale.

Au nord, l'inondation s'appuie à la place des Terreaux qu'elle n'atteint pas. De là jusqu'aux quartiers neufs de Perrache, tout est inondé, et la hauteur varie de 1 à 4 mètres !

Les eaux déversées du bassin de la Saône se jettent dans le Rhône par le quai de Retz, par le Bon-Rencontre et la place de la Charité. Mais, malgré l'activité de ces dégorgeoirs, l'eau atteint dans la ville une hauteur quadruple de celle à laquelle elle s'élève dans le lit de la Saône.

Le courant qui, de la rue du Port-Charlet, débouche au Bon-Rencontre, a une impétuosité telle qu'il arrache la chaussée du quai, y forme un gouffre profond, découvre les fondations des maisons et forme une telle fondrière, que, pendant plusieurs heures, on y voit disparaître les masses de matériaux avec lesquels on espère vaincre sa force destructive. D'énormes poutres y sont jetées. Une grande quantité de fascines, des sacs remplis de terre et des pierres versées à pleines voitures, peuvent seules, après un travail persévérant, maîtriser la puissance dévastatrice de ce torrent.

Heureusement le temps est beau, le soleil est le symbole de la vie ; il donne à cette journée un aspect moins sinistre. La température continue à être très élevée, on se met à l'eau sans hésiter.

2

Des hommes traînent des carrioles à bras, et, pour quelques sous, ils s'offrent à vous conduire où vous voudrez, si toutefois l'eau dans votre trajet n'atteint pas la hauteur d'un mètre; le garçon boucher chargé d'un énorme panier de viande, voyage dans l'eau jusqu'à la ceinture, et sert ses pratiques. Les jeunes laitières sont assises sur leurs chevaux, leurs jambes baignant dans l'eau, mais qu'importe? On est presque familiarisé avec le redoutable élément.

J'aide à l'enlèvement des marchandises de notre magasin; j'ai pu m'y rendre à huit heures du matin, en marchant dans 20 ou 30 centimètres d'eau. Pour en sortir à midi, j'en ai jusqu'à la ceinture,

Il est midi, je suis dans ma chambre, des vêtements secs remplacent ceux qui dès le matin ne le sont plus. Bloqué de toutes parts, c'est donc de ma croisée que je vais observer et décrire un imposant spectacle.

A ma droite, j'ai la rue du Plat tout entière. Elle reçoit les eaux du port du Roi. Ce courant rencontre sous ma fenêtre les eaux venant de la Saône par la rue des Colonies, puis celles arrivant de la place Bellecour par la rue du Pérat, et toutes alors se dirigent sur la rue de l'Arsenal au bout de laquelle la place St-Michel les sépare et les divise.

Par cette rue des Colonies, je vois le cours impétueux de la Saône. Il sort des arches du pont

Tilsitt, et, sans quitter ma plume, je vois les nombreux débris dont ses flots sont couverts. A l'instant (une heure après midi), les restes du tablier d'un pont de fer en couvrent la surface ; à ses garde-corps en sautoirs , je reconnais l'élégant pont Séguin ! Que sont devenues ses quatre colonnes dont la grâce et la délicatesse en fesaient un objet d'admiration? Je le saurai demain. A ces débris succèdent ceux de plusieurs bateaux de charbons de bois ; pendant vingt minutes, des courants noirs sillonnent le lit de la rivière. Cette journée du 4 novembre est désastreuse : la Saône dépasse tous les efforts qui lui sont opposés. Meubles de luxe, planches, tonneaux, débris de toiture , tout, depuis 2 heures du matin jusqu'à 5 heures après midi , sera confondu par le choc des flots; la soirée sera plus calme : les aliments manqueront à leur fureur.

Ceux qui n'auront pas vu tout ce que ce spectacle eut de grand et d'affreux, croiront peut-être que , comme dans les petites calamités , on entendit crier les femmes et pleurer les enfants ? Non, non , ici rien de semblable. Le danger double le courage ; il en donne à ceux qui en manquent. Quant au peureux il court depuis long-temps...... Il s'est soustrait au danger. Mais la peur troublera son sommeil, tandis qu'après une journée laborieusement passée on s'endort quelques heures avec la satisfaction d'avoir rempli un devoir sacré , celui de n'avoir pas déserté son poste au moment du péril.

Cette journée du 4 novembre a été remarquable par l'activité que chacun a déployée. Radeaux improvisés, chariots, charrettes, berlines, fiacres, cabriolets de place, chevaux sellés ou non, barques en bois et en fer, cuviers, pétrissoirs; tout devient moyen de transport.

Pendant toute cette journée, et, malgré plus d'un mètre d'eau, on sortit les farines de l'entrepôt situé au grenier à sel. On déploie la plus grande activité pour que le pain ne vienne pas à manquer. L'Hôtel-de-Ville en a expédié quinze voitures aux malheureux habitants de Vaise. Les boulangers dont l'eau a envahi les habitations, sont pourvus par leurs confrères des quartiers élevés; à l'aide de barques, ils parcourent leurs quartiers, et une corde fait monter à l'étage de la pratique, la *miche* quotidienne.

Le Maire de Lyon parcourt divers quartiers, et la barque qui le monte est remplie de pains dont il fait faire des distributions aux indigents. Dans le quartier de St-Nizier, le généreux curé de cette paroisse, distribue lui-même le pain dont il gratifie les plus nécessiteux.

Jeudi 5 novembre. Le jeudi cinq novembre, mon premier soin, à l'aube du jour, fut de reconnaître si la nuit avait ou non amélioré notre position. Une grande borne appuyée sur l'angle de la rue des Colonies présentait encore la veille 20 centimètres environ à son sommet, et aujourd'hui elle est entièrement couverte! C'est donc un nouveau déluge! Comment, depuis

24 heures, les eaux, en traversant la ville, vont se jeter dans le Rhône par une quantité d'embouchures, et cet état d'élévation n'a pas cessé? Il ne fait qu'empirer! Il faut voir tout cela, me suis-je dit; d'ailleurs une séquestration de 20 heures me pesait: je partis.

Une barque vint me prendre dans les escaliers de la cour de la rue du Pérat, j'arrive sur la place de Bellecour devant la façade de la Saône. Que reste-t-il de cet immense parallélogramme de 200 mètres sur 300 ! Rien : car, à l'exception d'un espace de dix pas de largeur sur le devant de cette façade, tout le reste n'est qu'un grand lac.

En compagnie de 15 personnes, une charrette me conduit au pont Tilsitt. Ses arches sont obstruées à peu près totalement. Des hommes que d'autres retiennent par des cordes, sont en avant du pont sur des restes de bateaux dont ils cherchent à arracher les débris qu'ils disputent aux flots.

Dieu sait avec quel intérêt de curiosité je montai alors à Fourvières. Je trouvai au bas du côteau 10 forts chevaux traînant péniblement une lourde voiture des messageries royales ; elle gravit la montée du Chemin-Neuf pour se rendre à Paris par le Bourbonnais. J'arrive enfin à Fourvières : l'église et la cour qui la précède sont remplies de femmes de toutes conditions, qui, dans le plus grand recueillement, assistent à une grand'messe célébrée à l'effet d'obtenir, par l'intercession de

Notre-Dame-de-Fourvières , la cessation du terrible fléau qui désole notre ville.

La terrasse de Fourvières ne suffit pas à mon
impatience. C'est du sommet de la tour de l'Observatoire que je veux promener mes regards avides
sur cette grande scène de désolation.

Sur toute la ligne des quais , depuis Serin jusqu'à
la Douane , tous les rez-de-chaussées sont submergés. Les brillants magasins d'orfèvrerie et ceux des
marchands opticiens ne laissent plus apercevoir
que leurs enseignes.

Le café, situé à l'angle de la rue Ecorche-Bœuf ,
qui, dimanche 1er novembre , était déjà envahi à
un mètre d'élévation , est aujourd'hui entièrement
sous les eaux.

Le faubourg de Vaise n'a plus d'autre aspect
que celui d'un village du département de la Loire.
Les toitures, dans quelques endroits, sont à fleur
d'eau.

Le sommet de la partie méridionale du fort de
Loyasse , et, sur l'autre rive , les abords du fort
St-Jean sont garnis d'une masse compacte de gens
de tout âge, qui, de ces hauteurs, sont les témoins
de la chute incessante des nouveaux quartiers de
Vaise. Les rues du Chapeau-Rouge , de la route
de Bourgogne et du Bourbonnais seront totalement renversées. Les malheureux habitants de ces
quartiers sont retirés sur la côte de Balmont , à
la Claire , et sur le revers de Loyasse; ils voient
à chaque instant crouler leur fortune et leur
avenir.

Mardi soir, dans la fabrique d'orseille qui est située près de l'école vétérinaire, les eaux envahirent des tonneaux de chlorure de chaux, et déterminèrent un embrasement. Ainsi la partie supérieure du bâtiment fut la proie des flammes, tandis que la base était sappée par les eaux. Le nouvel acquéreur de cet établissement y avait, dit-on, pour cent mille francs de produits.

En dépit de l'ordre contraire, les élèves de l'École Vétérinaire se portèrent sur le lieu du sinistre; et, tout en désobéissant, firent preuve de grand courage. Sur cette conduite qui oserait jeter un blâme ? Non ! Au cri du malheur toute barrière doit tomber !

La gare de Vaise paraît toute unie, elle a dû être entièrement balayée par les eaux (').

Le pont de la Gare est intact. Le tablier dépasse le niveau des eaux.

Le pont de Serin est submergé; un amas considérable de pièces de bois obstrue les arches du côté de l'école vétérinaire ; on le croirait détruit, mais non ; il faut espérer que, de cette longue lutte, il sortira victorieux et tout couvert d'honorables cicatrices.

Il ne reste de la passerelle St-Vincent que les colonnes; je crois ne plus apercevoir les chaînes

______

(1) Le pont de l'Ile-Barbe a eu une travée d'emportée.

du pont ; quant au tablier, nous avons dit qu'il était détruit depuis plusieurs jours.

Le pont de la Feuillée est debout, mais submergé. Il sortira entier de cette terrible épreuve, et attestera que les ponts suspendus peuvent résister quand on leur donne tous les éléments de solidité dont celui-ci fut doté. Il servira de modèle pour l'avenir, et fera renoncer à ces constructions éphémères que l'inexpérience seule pouvait excuser.

Le pont de Pierre, en dépit de ses huit siècles, paraît encore aussi solide que sa base de granit ; quelques avaries, et particulièrement l'échancrure de l'éperon central, diront à quels chocs il fut exposé, et combien de bateaux vinrent se briser contre sa maçonnerie séculaire ; mais la masse qui sépare chaque arche rend l'écoulement des eaux difficiles. Sous ce rapport, sa reconstruction est impérieusement commandée.

Le pont Seguin est mutilé. Les deux colonnes en aval sont brisées, l'une au deux tiers de sa hauteur, et l'autre à sa base.

Le pont de Tilsitt est un des robustes enfants du règne impérial ; comme son fondateur, il résisterait au monde entier !

Le pont d'Ainay, plus heureux que celui de Serin, sert encore à la communication du quartier de Perrache à celui de St-George ; ainsi notre grand Hôtel-Dieu conservera ses deux sources de produits. Le domaine des pauvres aura été respecté.

Le pont Chazourne a été emporté par lambeaux. Mercredi, à 3 heures après-midi, il n'en restait que deux arches du coté de St-Georges. A cet instant, une *platte* (¹) se détache en amont de ce pont, trois personnes s'y trouvent: une sur le devant du bateau, et les deux autres sur l'arrière. Le premier s'élance sur les restes du pont, le bateau plonge aussitôt, la partie en arrière est relevée par l'effet du choc et les deux hommes en profitent pour sauter sur le pont. Ils sont sauvés ! 3 minutes après il ne restait plus rien du bateau ni du pont, tout avait disparu.

La maison Mante, qui portait un vaisseau pour enseigne, est détruite, ainsi que celle placée à la gauche de l'entrée du pont.

Le pont de la Mulatière a ses arches du milieu totalement emportées. La ligne du chemin de fer se trouve coupée, et le confluent présente une largeur immense ; elle doit être au moins de 10 kilomètres, il s'étend depuis le pied du coteau de Ste-Foy jusqu'aux Balmes Viennoises.

Avant de quitter l'Observatoire, je vois sortir de l'église de Fourvières tout le clergé de St-Jean qui retourne processionnellement à la cathédrale. Monseigneur l'Archevêque donne sa bénédiction aux nombreux fidèles prosternés sur son passage. Ce digne prélat donne aujourd'hui des consolations

---

(1) Expression locale employée pour celle de bateaux à laver.

spirituelles ; hier il a prodigué d'autres secours (¹),
et ceux qui n'ont pu l'entendre disant, du haut
du balcon de son palais, aux personnes qui cher-
chaient à fixer au quai les bateaux et les plattes
qui y étaient amarrés : Venez à l'Archevéché, il y
a des échelles, des cordages; Venez, tout enfin
est à votre disposition ; ceux, dis-je, qui n'ont pu
l'entendre, liront avec attendrissement ces belles
paroles extraites de sa lettre du 3 novembre,
adressée aux curés de Lyon et Vienne.

Il leur dit : « Entendez-vous avec M. le Maire
» pour faire des quêtes, mettez vous en rapport
» avec la Commission des secours qui a du être
» formée.

» Procurez des asiles à ceux qui n'en ont plus,
» et des abris pour les meubles des habitants qui
» déménagent.

» Les salles du Palais archiépiscopal sont à la
» disposition de tous ceux qui voudraient y dépo-
» ser leurs effets.

» Dites à ceux qui souffrent, le désir que j'ai
» de les consoler et de leur être de quelqu'utilité
» dans cette triste circonstance. »

Pour rentrer à Bellecour je repris le chemin
du pont Tilsitt. Je m'y arrêtai quelques instants
et j'étais heureux en considérant la belle et large

____

(1) Dès le premier jour il s'est fait inscrire pour 1000 fr., et sa charité
ne s'arrétera pas à ce chiffre.

corniche (¹) qui couronne ce pont. Ici, l'art est venu en aide au malheur.

Cette nuit, à deux heures du matin, une *platte* se détacha en amont de ce pont ; trois hommes s'y trouvaient et, ils ont pu trouver un refuge sur cette corniche au moment où le bateau s'abimait sous leurs pieds.

Il était trois heures après midi, et, tandis que je me livrais à ces réflexions, je vis s'avancer un bateau fermé par des cloisons en coutil. Ce bateau vient de rompre les amarres qui le retenaient à la culée du pont Seguin, du côté des Célestins. Il renferme divers objets, fruits d'un travail de 25 années, une cloche de plongeur propre aux voyage sous-marins, des modèles d'appareils susceptibles d'enlever les plus lourds fardeaux, etc. Ce bateau s'avance lentement, bientôt le courant s'en empare, il frappe contre le pont, se roule sur lui-même, les clochettes qui sont fixées au sommet du mât s'agitent violemment, et tout disparaît.

Je montai sur une voiture pour me rendre à la rue de la Barre, à mesure que nous avançons l'eau offre plus de profondeur ; elle doit être de plus d'un mètre à l'angle de la place Léviste.

Je parcours à pied le quai Monsieur, le Rhône

---

(1) Cette corniche offre une plate-forme de 50 centimètres de largeur et régnant sur toute l'étendue du pont.

est assez bas pour servir de bassin aux eaux de la Saône qui s'y jettent en abondance.

Du quai de la Charité une barque me conduit chez moi ; chemin fesant, je crois pouvoir évaluer à environ trois mètres , la hauteur de l'eau à l'angle de l'église de la Charité ; plus tard , j'en constatai 2 mètres 70 centimètres.

Cette élévation diminue à mesure que nous avançons sur l'angle de la rue de l'Arsenal, elle est réduite à un mètre en face de la pension Josette.

Dans cette journée du Jeudi , l'inondation atteignit sa plus grande hauteur ; elle s'y maintint toute la journée. Dans celle du Vendredi elle fit un léger mouvement rétrograde. Le vent du midi souffla toute la journée ; le soir, il se changea en une tempête affreuse ; il semblait que les vents déchaînés voulaient rompre les derniers liens du peu de bateaux retenus encore aux rivages.

Enfin des torrents de pluie vinrent arrêter la fureur des vents. Il ne manquait que les éclats de la foudre pour compléter cette grande scène de destruction (¹).

Aujourd'hui samedi 7 novembre, huitième jour de nos désastres, au moment où voyant enfin les eaux se retirer j'allais clôre le récit de ses longs malheurs, un bruit affreux se fait entendre dans la direction du quartier St-George. Au roulis des cail-

---

(1) Le tonnerre gronda pendant toute la soirée du jeudi 19 novembre.

loux et des blocs de pierre, à la masse de poussière qui s'élève je reconnais qu'un éboulement considérable des terreins supérieurs au quartier St-George vient d'avoir lieu. J'en aperçois les excavations ; des restes du Théâtre Romain ont aussi été entraînés. Une maison de trois étages est descendue avec fracas ; une troupe de pigeons, seuls habitants restés dans cette maison, plane sur le lieu de ce désastre, et semble ne pouvoir s'en éloigner.

Cet événement eut lieu à neuf heures trente cinq minutes du matin. Il manquait à mon tableau, il en complète les nombreuses péripéties : puisse-t-elle être la dernière !

Comme en 580, le Rhône a renversé sur son passage les maisons par centaines. Plus heureux qu'en 1570, le pont de la Guillotière a résisté au choc impétueux du fleuve, mais le terrible débordement de 1812 a été dépassé de 40 centimètres dans la journée du 31 octobre 1840. Ce jour prendra son rang dans les époques néfastes de l'histoire de notre malheureuse cité.

Pour compléter le tableau des sinistres causés par le cours de la Saône, il ne manquait que les masses de glaces qui menacèrent d'écraser la ville dans l'inondation du 3 février 1608, et dans celle du 26 février 1709 où tous les ponts de bois furent emportés, et où celui du Change, qui existe encore aujourd'hui fut considérablement endommagé.

Enfin l'inondation de 1840 est supérieure à toutes celles connues, puisque, dans les journées du 20 au

26 février 1711, les eaux réunies du Rhône et de la Saône ne s'élevèrent qu'à 2 mètres devant le portail de la Charité.

Nous pouvons donc répéter aujourd'hui ce que disait la relation consulaire de cette année 1711 : « Que cette inondation est sans exemple, qu'elle » fut terrible par sa rapidité et par son élévation, » et que les maux qu'elle a causés, tant à la campagne que dans cette ville, sont infinis. »

LYON. — IMP. DE CHARVIN ET NIGON.
Rue Chalamond, 5.

www.ingramcontent.com/pod-product-compliance
Lightning Source LLC
LaVergne TN
LVHW021706170726
843501LV00007B/2704